TOUT SAVOIR SUR LE LOULOU DE POMÉRANIE

II

TOUT SAVOIR SUR LE LOULOU DE POMÉRANIE

Mon Ami Le Chien

Saphira Eiger

Sommaire

Sommaire V

FICHE D'IDENTITÉ.................................... 1

SES ORIGINES 5

SON APPARENCE 9

SON CARACTÈRE................................... 15

SA SANTÉ... 21

SA POPULARITÉ DANS LE MONDE.............. 27

SES DIFFÉRENTS USAGES 29

ÉDUQUER SON LOULOU DE POMÉRANIE 31

NOURRIR SON LOULOU DE POMÉRANIE 37

PRENDRE SOIN DE SON LOULOU 41

COUT D'UN LOULOU DE POMÉRANIE........... 45

QUELQUES LOULOUS CÉLÈBRES................. 47

LE STANDARD DU LOULOU DE POMÉRANIE
.... 49

VI

FICHE D'IDENTITÉ

NOM OFFICIEL : Pomeranian

AUTRES NOMS : Poméranien, Spitz Nain

PAYS D'ORIGINE : Allemagne

CLASSIFICATION :

Groupe : 5 — Chiens de type Spitz et de type primitif

Section : 4 — Spitz européens

CARACTÉRISTIQUES :

Taille de la femelle : 18 à 24 cm

Poids de la femelle : 1.5 à 3,5 kg

Taille du mâle : 18 à 24 cm

Poids du mâle : 1.5 à 3,5 kg

Longévité : Entre 12 et 16 ans

1

FCI:	1957
AKC :	1888
KC :	1873
UKC :	1914

La Fédération Cynologique Internationale (**FCI**) est une organisation internationale basée en Belgique, comptant comme membres les institutions nationales de 98 pays. C'est, de loin, l'association canine la plus importante au niveau mondial.

L'American Kennel Club (**AKC**) est la principale association canine des États-Unis, et le seul registre gratuit du pays. Non affiliée à la FCI, elle a cependant une portée internationale.

The Kennel Club (**KC**) est l'association canine officielle du Royaume-Uni et c'est aussi la plus ancienne (elle fut créée en 1873). Peu influente sur le plan international, son histoire et son prestige font qu'elle est cependant très respectée.

L'United Kennel Club (**UKC**) est un registre canin basé aux États-Unis important en Amérique du Nord, mais peu suivi dans le reste du monde.

SES ORIGINES

Il y a plusieurs milliers d'années, les lointains ancêtres du Loulou de Poméranie étaient utilisés par les tribus scandinaves pour chasser l'élan. Certains de ces chiens migrèrent vers le sud dc l'Europe, plus précisément vers l'Allemagne. Au cours des siècles qui suivirent, il se développèrent aux côtés des Hommes, s'adaptant à leurs besoins différents selon les régions.

En Poméranie, une région située au bord de la mer Baltique, à cheval sur les territoires actuels de la Pologne et l'Allemagne, ils servirent à la conduite des troupeaux, et leur taille fut réduite. La première référence à ces chiens date de 1764, et est attribuée au journaliste écossais James Boswell. Quelques années plus tard, la reine

Charlotte (1744-1818) importa deux spécimens en Angleterre : Phœbe et Mercury.

Ces premiers individus furent nommés Poméraniens par la reine en raison de leur région d'origine, causant une confusion qui dure aujourd'hui encore. À l'époque, ces chiens étaient bien plus grands que le Spitz Nain actuel, comme l'attestent les peintures de Sir Thomas Gainsborough (1728-1788), et étaient en réalité des Petits Spitz Allemands, voire des Spitz Allemands Moyens, dont la taille va de 25 cm à 40 cm.

C'est la reine Victoria (1819-1901) qui est créditée de la création du Loulou de Poméranie tel qu'on le connaît de nos jours. Séduite par ces spitz de petite taille, elle encouragea leur miniaturisation, si bien que la race vit sa taille diminuer de moitié en quelques décennies, vers la fin du 19ème siècle.

Le fait d'avoir une telle ambassadrice n'est pas étranger au succès foudroyant que le Poméranien connut à cette époque en tant que chien de compagnie. La race devint rapidement incontournable dans les expositions canines, aussi bien au Royaume-Uni qu'aux États-Unis, et parvint à conquérir un large public.

Elle fit ainsi partie des premières races reconnues par le vénérable Kennel Club britannique peu après sa création en 1873. L'American Kennel Club (AKC) fit de même en 1888, soit seulement 4 ans après sa fondation. L'autre organisme de référence aux États-Unis, le United Kennel Club (UKC), mit un peu plus de temps, puisqu'il fallut attendre 1914.

De son côté, la Fédération Cynologique Internationale (FCI) reconnut également le Poméranien en 1957, mais le considère comme une variété miniature du Spitz Allemand et non comme une race distincte.

D'ailleurs, que ce soit en tant que race distincte ou comme variété de ce dernier, le Poméranien est aujourd'hui reconnu par toutes les plus grandes associations canines nationales, y compris notamment le Club Canin Canadien (CCC), et est présent dans le monde entier.

SON APPARENCE

Malgré sa taille miniature, le Loulou de Poméranie a conservé toutes les caractéristiques spécifiques des chiens de type spitz : sa tête lupoïde, ses oreilles dressées et sa queue touffue enroulée sont là pour en témoigner. Il est non seulement la plus petite variété de Spitz Allemand (si on le considère comme une variété, et non comme une race distincte), mais également le plus petit représentant de ce groupe.

Son corps carré est compact et bien développé. Il repose sur des pattes à l'ossature solide et qui se terminent par de tout petits pieds ronds. La queue est attachée haut et redressée dès la racine. Elle s'enroule sur le dos, sur lequel elle s'appuie.

La tête du Poméranien est triangulaire vue du dessus, rappelant celle du renard. Le crâne a un stop modérément marqué et se prolonge par un museau ni grossier ni pointu, qui lui-même se termine par une truffe noire — sauf chez les spécimens à la robe marron, qui ont une truffe marron. Les yeux sont en amande et doivent être de couleur foncée. Chez les individus de couleur marron, ils doivent même obligatoirement être marron foncé. Les oreilles, petites et pointues, sont portées dressées sur le haut du crâne.

Le pelage du Spitz Nain est constitué d'une part d'un sous-poil épais et cotonneux, et d'autre part d'un poil de couverture long, droit et redressé. Il est plus court sur la tête et la face avant des pattes, et plus long au niveau du cou et des épaules, formant une abondante crinière.

Les couleurs de robe les plus courantes sont le blanc, le noir, le marron, l'orange et le gris loup.

Néanmoins, d'autres couleurs sont également autorisées : crème, crème zibeline, orange zibeline, noir et feu, ainsi que toutes les combinaisons particolores ayant un fond blanc et des taches noires, brunes, grises ou oranges. Autrement dit, la diversité est de mise quant à l'apparence de ce chien.

Enfin le dimorphisme sexuel est très peu marqué chez cette race : la différence de gabarit entre mâle et femelle est négligeable.

VARIÉTÉS

Les différents organismes canins du monde entier n'ont pas tous la même vision du Loulou de Poméranie.

Pour certaines associations, à l'image par exemple du Kennel Club britannique, de l'American Kennel Club (AKC) ou encore du

Club Canin Canadien (CCC), il s'agit d'une race à part entière.

En revanche, la Fédération Cynologique Internationale (FCI) considère qu'il s'agit d'une variété de Spitz Allemand. Les associations nationales qui en sont membres, à l'instar par exemple de la Société Centrale Canine (SCC) française, reprennent donc cette position.

Ainsi, selon le standard de la FCI, le Spitz Allemand se décline en 5 variétés, qui diffèrent notamment par leur taille :

- le Spitz-Loup, ou Keeshond, mesure entre 43 et 55 cm ;
- le Grand Spitz Allemand mesure entre 40 et 50 cm ;
- le Spitz Allemand Moyen mesure entre 30 et 40 cm ;
- le Petit Spitz Allemand mesure entre 24 et 30 cm ;

- le Poméranien, ou Spitz Allemand Nain, mesure entre 18 et 24 cm.

Ceci a mené à de nombreuses confusions au cours des 150 dernières années, et il est courant d'entendre parler de « Poméranien de 5 kg », voire de « Spitz Nain de plus de 15 kg », alors que les chiens ainsi évoqués étaient en réalité des Spitz Allemand d'autres variétés.

SON CARACTÈRE

Le Loulou de Poméranie est attachant et affectueux. Il demande beaucoup d'attention et d'amour de la part de sa famille, mais le leur rend au centuple. Il est toutefois capable de s'occuper de manière indépendante, en particulier s'il dispose de quelques jouets à mâchouiller ou d'un compagnon à déranger, et peut donc être laissé seul pendant la journée de travail.

Il s'entend bien avec les enfants, mais mieux vaut qu'ils aient déjà un certain âge et soient donc en mesure d'apprendre comment se comporter respectueusement avec un animal et faire attention en jouant avec lui. En effet, il est petit et fragile, si bien qu'un mauvais geste de la part d'un enfant un peu turbulent peut avoir de fâcheuses conséquences. En tout état de cause, quelle que soit la race de l'animal, un tout-petit et un chien ne doivent jamais être laissés seuls ensemble, pour la sécurité de l'un comme de l'autre.

Dès lors qu'il est bien socialisé, le Poméranien ne se montre ni méfiant ni agressif avec les étrangers. Il aboie à leur approche pour signaler leur venue, mais n'hésite pas à venir faire connaissance une fois qu'il constate que son maître a validé leur présence. En effet, il est plutôt de nature curieuse vis-à-vis du monde qui l'entoure.

Les interactions avec d'autres animaux, qu'il s'agisse de congénères, de chats d'oiseaux ou de rongeurs, ne posent elles non plus pas de problème en général. À partir du moment où les présentations sont faites à un rythme adapté, il n'a aucun problème à s'amuser avec un chaton ou un molosse de 80 kg, et peut aussi parfaitement partager son foyer avec eux. Les jeux avec un autre chien peuvent cependant s'avérer dangereux : un coup de patte amical administré par un Labrador de 35 kg peut se traduire par une patte fracturée pour le Loulou de Poméranie.

En effet, le Spitz Nain n'a absolument pas conscience de sa taille, ce qui s'avère souvent être une source de problèmes. Il n'hésite pas à tenter d'imposer son point de vue à des congénères immensément plus grands que lui, et ceci peut avoir de fâcheuses conséquences. Le risque est d'autant plus grand s'il est habitué à être traité comme un prince et à toujours obtenir ce qu'il souhaite, car il ne réalise pas forcément que les autres chiens ne sont pas tous aussi conciliants que son maître.

Hyperactif est un terme qui revient souvent pour décrire le Poméranien. Toutefois, sa petite taille fait qu'il n'a pas forcément besoin de longues balades, car à son échelle même un kilomètre représente déjà une sacrée distance. Pour autant, il doit pouvoir se dépenser au moins 45 minutes par jour : à défaut de grandes promenades, les jeux et les exercices sont d'excellents moyens d'y parvenir.

Il aime apprendre des tours, et les sports canins comme l'obéissance, l'agility ou le flyball sont un excellent moyen de le stimuler aussi bien physiquement que mentalement. Il adore aussi les jeux en tous genres, et particulièrement les jouets à mâchouiller, surtout s'ils font du bruit. Il est conseillé d'en avoir plusieurs à disposition afin d'en changer dès qu'il commence à se lasser d'un jouet, puis de le ressortir quelques mois plus tard.

Le Poméranien est une race de chien particulièrement adaptée à la vie en appartement — qui lui permet au passage de satisfaire son besoin de passer beaucoup de temps aux côtés de sa famille —, mais gagne à avoir aussi accès à un espace extérieur. Il ne saurait néanmoins être question de lui faire passer le plus clair de son temps seul dans le jardin, car un petit chien innocent de 2 ou 3 kg est une cible de choix non seulement pour de potentiels prédateurs, mais aussi pour des voleurs.

Enfin, même s'il n'aboie pas aussi fort que certains congénères de plus grand gabarit, le Loulou de Poméranie aime donner de la voix, ce qui peut donner lieu à quelques frictions avec les voisins si le problème n'est pas abordé dans le cadre de son éducation.

SA SANTÉ

Le Loulou de Poméranie est une race assez robuste, avec une espérance de vie en ligne avec son gabarit.

Bien que ce soit un chien d'intérieur, il est remarquablement équipé pour affronter des climats difficiles. En effet, son poil dense le protège du froid et des intempéries, tandis que son petit gabarit l'aide à mieux supporter la chaleur que nombre de ses congénères. Il est cependant hors de question de le laisser dormir dehors sous la neige, ou de le faire courir au soleil en pleine canicule : il doit passer ses nuits dans la chaleur de sa maison, et se reposer à l'ombre quand la température monte.

L'incroyable succès du Spitz Nain depuis la fin du 19ème siècle fait que de nombreuses maladies ont été signalées chez cette race :

- la luxation patellaire, qui survient quand la rotule sort de son emplacement et bloque la patte. Elle provoque des boitements, et est courante chez les plus petites races de chien ;

- la maladie de Legg-Calve-Perthes, une nécrose de la tête du fémur vraisemblablement due à une prédisposition génétique, qui elle aussi touche davantage les petits chiens. Elle cause de la douleur et des difficultés pour se déplacer normalement ;

- le collapsus trachéal, une diminution du diamètre de la trachée affectant principalement les petites races. Elle entraîne des problèmes pour respirer, qui peuvent aller d'une simple toux à une insuffisance respiratoire plus ou moins prononcée ;

- l'épilepsie, caractérisée par des crises convulsives plus ou moins fréquentes. Ellepeut être gardée sous contrôle à l'aide de médicaments, qui permettent à un individu touché de mener une existence presque normale ;

- la cardiomyopathie dilatée, lorsque le cœur s'étire et perd sa capacité à se contracter. Elle peut avoir des conséquences graves (insuffisance cardiaque…), voire être fatale ;

- l'atrophie rétinienne progressive, une dégénérescence des tissus de l'œil héréditaire et entraînant inexorablement la cécité du chien ;

- la cataracte, quand un filtre opaque se forme sur l'œil et diminue la vision du chien. Elle peut toutefois être corrigée à l'aide d'une opération ;

- les allergies, notamment au niveau de la peau ;

- la perte de dents, souvent due à une alimentation non adaptée.

De même, les fractures et autres traumatismes sont fréquents chez cette race, car le Spitz Nain n'a pas du tout conscience de sa petite taille et de sa fragilité. Les escaliers en particulier sont responsables de nombreuses chutes et accidents.

Le meilleur moyen d'adopter un chiot en bonne santé et présentant un risque réduit de développer une maladie est de se tourner vers un éleveur de Loulou de Poméranie reconnu et sérieux. Il doit pouvoir présenter non seulement un carnet de santé ou vaccination à jour et un certificat vétérinaire attestant que le petit est en bonne santé, mais également les résultats des tests génétiques pratiqués aussi bien sur lui que sur ses parents, afin d'écarter les risques de maladies héréditaires.

Une fois à la maison, il est important de pas trop solliciter le chiot tout au long de sa phase de croissance. Il a besoin de beaucoup de repos, et ses activités physiques doivent être limitées jusqu'à ce qu'il atteigne sa taille adulte afin de ne pas endommager ses os et articulations encore fragiles. En plus du risque de blessures à court terme, il pourrait en garder des séquelles à vie.

Par ailleurs, même en bonne santé, le Loulou de Poméranie doit comme tout chien être emmené chez le vétérinaire au moins une fois par an pour un bilan complet. Cela peut permettre en effet de déceler un éventuel problème avant qu'il ne prenne des proportions parfois graves, et c'est aussi l'occasion d'en profiter pour effectuer ses rappels de vaccins.

Enfin, même s'il passe le plus clair de son temps en intérieur, il est nécessaire de renouveler ses traitements antiparasites chaque fois que cela est nécessaire, pour qu'il ne cesse jamais d'être protégé.

SA POPULARITÉ DANS LE MONDE

Le Loulou de Poméranie ne se contente pas d'être présent sur tous les continents, il y est aussi extrêmement populaire.

Aux États-Unis, les statistiques annuelles d'enregistrements auprès d l'AKC le placent entre la 20ème et la 25ème position (sur un peu moins de 200) dans le classement des races. Il connaît toutefois une lente mais régulière érosion depuis le début du 21ème siècle, puisqu'il était encore dans le Top 10 à la fin des années 90.

On le retrouve à peu près à la même position en Suisse, où les chiffres de la base de données Amicus font état d'environ 4000 individus recensés dans le pays.

En Grande-Bretagne, la tendance est inverse à celle des États-Unis : les années 2010 ont vu le nombre d'enregistrements annuels auprès du Kennel Club être quasiment multiplié par deux. Il est ainsi passé d'environ 800 au début de la décennie à plus de 1500 à la fin.

En France, le Loulou de Poméranie n'est pas considéré comme une race distincte mais comme une variété du Spitz Allemand, si bien qu'il n'existe pas de statistiques spécifiques. Il est cependant indéniable que son apport est important, et qu'il est en grande partie à l'origine de la croissance fulgurante des Spitz Allemands enregistrés au Livre Officiel Français (LOF) dans les années 2010. Les naissances ont en effet plus que triplé entre 2010 et 2019, passant de moins de 1000 à plus de 3000.

SES DIFFÉRENTS USAGES

Les ancêtres du Loulou de Poméranie travaillaient en tant que chien de berger pour guider les troupeaux de moutons. Sa taille a toutefois été fortement réduite depuis lors, si bien qu'il ne peut plus aujourd'hui remplir cette fonction.

Sa miniaturisation en a en revanche fait un chien populaire dans les expositions canines, où il est généralement bien représenté.

Surtout, il est devenu un chien de compagnie très apprécié, en particulier par les citadins, les personnes âgées et… les personnalités.

Il fait aussi un excellent chien d'alerte, ne manquant jamais d'aboyer à l'approche d'inconnus. Par contre, sa taille le discrédite fortement en tant que chien de garde, même si ce n'est pas le courage qui lui manque.

Agile, actif et intelligent, le Spitz Nain est aussi un athlète qui obtient d'excellents résultats dans des sports canins comme le flyball, l'agility ou l'obéissance. Certains représentants de la race furent même — voire sont encore, dans certains endroits — utilisés dans des numéros de cirque, en tant que chiens savants.

Enfin, sa vivacité, son énergie et son absence d'agressivité font qu'on le retrouve parfois en tant que chien de thérapie (dans les maisons de retraite, hôpitaux…), où il amuse et réconforte les personnes âgées en courant partout et distribuant son affection à tout le monde.

ÉDUQUER SON LOULOU DE POMÉRANIE

La socialisation du Loulou de Poméranie est extrêmement importante et doit commencer dès son arrivée à la maison. La tentation de choyer sans limites et surprotéger cette petite boule de poils si attendrissante est grande, mais c'est une grave erreur qui risque de se retourner tant contre lui que contre son maître.

En effet, il aurait alors toutes les chances de devenir anormalement peureux ou agressif, ayant le plus grand mal à se sentir bien dans ses pattes en toute circonstance. Pour être équilibré, il doit au contraire découvrir le monde extérieur le plus rapidement possible, faire la connaissance de nombreuses personnes et de tous types d'animaux, explorer divers lieux et être confronté à un maximum de situations et de stimulations, y compris désagréables (bruits, odeurs, etc.).

Une autre erreur courante est d'oublier que c'est un chien et non une peluche, un bébé ou un accessoire de mode, et ce faisant de ne pas subvenir à ses besoins ontologiques. Un chien préfère courir plutôt que d'être porté dans les bras ou dans un sac à main. Un chien a besoin d'un maître ferme en qui il a confiance et non d'un serviteur, car il n'est en aucun cas capable d'assumer le rôle de chef de meute parmi les humains.

De fait, le célèbre « syndrome du petit chien », fréquent chez cette race, est bien plus souvent dû aux erreurs d'éducation du maître qu'au caractère intrinsèque de l'animal.

Quoi qu'il en soit, un maître qui sait ce qui est nécessaire à l'équilibre du chien et est capable d'imposer à son compagnon une hiérarchie claire, tout en faisant preuve de fermeté et de constance, peut obtenir des résultats intéressants, car le Spitz Nain est alors facile à éduquer. En effet, il est foncièrement intelligent et réceptif : il assimile vite et aime apprendre de nombreux tours. Cela le rend d'ailleurs capable de briller dans certains sports canins, comme l'agility ou l'obéissance.

Au contraire, si sa famille n'a pas su établir son autorité, il est probable qu'il finisse par intégrer que c'est lui qui décide dans la maison. Il n'a alors aucune raison d'écouter les commandes et n'en fait qu'à sa tête.

Dans tous les cas, le renforcement positif est le meilleur moyen d'éduquer un Poméranien. Qu'elles prennent la forme de compliments, de caresses ou de friandises, il répond très bien aux récompenses en tous genres, et les séances d'éducation deviennent rapidement des moments de complicité qu'il attend avec impatience. Elles doivent toutefois rester d'une durée assez courte, car sa capacité d'attention est limitée.

Il est fortement recommandé de lui apprendre au plus tôt à ne pas aboyer à tout bout de champ (ou du moins à cesser sur commande), a fortiori s'il vit en appartement ou que des voisins sont installés à proximité de la maison. En effet, des aboiements incessants et incontrôlés peuvent non seulement mettre à l'épreuve les nerfs de ses maîtres, mais aussi ceux des personnes environnantes, et risquer donc d'être à l'origine de problèmes de voisinage.

NOURRIR SON LOULOU DE POMÉRANIE

Contrairement à la croyance populaire, le Loulou de Poméranie n'est pas difficile en termes d'alimentation. Nul besoin de lui servir des plats préparés par de grands chefs canins, i s'accommode parfaitement des aliments industriels pour chien du commerce, qu'il s'agisse de croquettes ou de pâtée. Pour maximiser les chances de le garder en bonne santé, il faut simplement veiller à ce qu'ils lui apportent bien tous les nutriments dont il a besoin, et soient adaptés aussi bien à sa taille qu'à son âge et son nivcau d'activité.

Pour rappel, la nourriture pour chats n'est pas du tout adaptée au Poméranien, pas plus d'ailleurs qu'à n'importe quelle race de chien naine. Elle pourrait causer des problèmes de digestion et être la source de graves soucis de santé.

Même si sa vivacité et son énergie font qu'il n'y est pas prédisposé, l'obésité est un risque à ne pas négliger pour cet animal dont le mode de vie a tôt fait d'inclure peu de sorties et beaucoup de friandises. Le risque est sensiblement accru s'il a été stérilisé. Un maître responsable doit donc non seulement s'assurer que les rations journalières sont toujours adaptées aux besoins réels de son animal, mais également prendre soin de le peser au moins une fois par mois.

Il doit avoir en tête qu'un excès de seulement 200 grammes par rapport à son poids de forme, aussi insignifiant puisse-t-il sembler chez un humain, peut déjà être responsable de problèmes de santé de son compagnon, étant donné son gabarit. Mieux vaut donc utiliser une balance précise, comme celles pour les ingrédients en cuisine, et consulter un vétérinaire en cas de dérapage qui se confirme voire s'accentue sur plusieurs mesures successives.

Par ailleurs, comme tout chien, le Poméranien doit être en mesure de se désaltérer à tout moment, et doit donc avoir en permanence accès à un bol d'eau.

PRENDRE SOIN DE SON LOULOU

L'entretien d'un Loulou de Poméranie demande un certain effort, en dépit de ce que sa petite taille pourrait laisser croire.

En effet, il doit être brossé tous les jours, afin d'éliminer les poils morts et d'éviter les nœuds. Il perd une bonne quantité de poils tout au long de l'année, au point d'ailleurs que ses mues printanières et automnales passent généralement inaperçues.

Il faut en outre faire prendre un bain à son Poméranien tous les 1 à 2 mois, afin de l'aider à conserver son poil propre et brillant. L'utilisation d'un shampooing doux spécial pour les chicns cst impérative, au risque d'abîmer sa peau : le pH de cette dernière n'est pas la même que chez l'Homme.

En revanche, il n'est pas nécessaire de le tondre. Cela dit, il n'y a pas de contre-indications à le faire, notamment au niveau des oreilles, de son visage, de son arrière-train ou encore de ses pieds.

Il convient de frotter l'intérieur de ses oreilles avec un chiffon doux chaque semaine, de manière à éliminer l'accumulation de cire et de saleté, qui pourrait causer des infections.

Il est nécessaire par la même occasion d'examiner et nettoyer ses yeux en utilisant un bout de tissu humide, afin là aussi de réduire le risque de problèmes.

Un brossage de dents s'impose également au moins une fois par semaine pour retarder l'apparition de plaque dentaire et de tartre, qui peut être à l'origine de diverses maladies. L'idéal est de le faire encore plus souvent, et même quotidiennement. Quoi qu'il en soit, il faut utiliser systématiquement un dentifrice adapté à la gent canine.

Enfin, les griffes du Spitz Nain poussent généralement plus vite qu'elles ne s'usent, a fortiori s'il vit en appartement. Dès qu'on les entend frotter lorsqu'il marche sur un sol dur, c'est le signe qu'elles doivent être taillées à l'aide d'un coupe-ongles. A défaut, elles pourraient non seulement le gêner dans ses déplacements, mais aussi finir par se casser, avec le risque de le blesser à cette occasion.

Les premières fois, apprendre à entretenir son Spitz Nain aux côtés d'un toiletteur professionnel ou d'un vétérinaire est une excellente idée, a fortiori pour un maître débutant. Cela permet de s'assurer que l'on effectue des gestes adaptés et efficaces, tout en minimisant la probabilité de lui faire mal, voire de le blesser. Il ne faut d'ailleurs pas hésiter à s'y mettre rapidement : plus il est habitué jeune à ces manipulations, plus les séances d'entretien se passeront bien tout au long de sa vie.

COUT D'UN LOULOU DE POMÉRANIE

Le prix d'un chiot Loulou de Poméranie est en moyenne de 2200 euros. La fourchette de prix est cependant très large, allant de 600 euros jusqu'à plus de 4000 euros. Dans tous les cas, il n'y a pas de différence majeure entre mâles et femelles.

Au Canada, il faut compter généralement entre 3500 et 4000 dollars canadiens pour adopter un Spitz Nain.

Quel que soit le pays, les différences de prix parfois énormes d'un individu à l'autre s'expliquent notamment par la réputation de l'éleveur, mais aussi par la lignée plus ou moins prestigieuse dont chacun est issu. Les descendants de champions sont bien plus recherchés, et donc coûtent beaucoup plus.

Cela dit, même à l'intérieur d'une portée donnée, les montants demandés peuvent diverger sensiblement. En effet, les qualités intrinsèques d'un chiot sont un autre facteur déterminant pour justifier son prix. Par exemple, un individu très proche du standard de la race, et dont les caractéristiques physiques le prédestinent donc aux podiums des expositions canines, a forcément un prix bien plus élevé.

QUELQUES LOULOUS CÉLÈBRES

Malgré sa petite taille, le Loulou de Poméranie a su se rendre célèbre à de nombreuses occasions :

- Des 3 chiens qui survécurent au naufrage du Titanic en 1912, deux étaient des Poméraniens, le troisième étant un Pékinois.

- Le Loulou de Poméranie occupe une place de choix parmi les chiens préférés des stars. Il fut notamment adopté par Gwen Stefani, Jessica Alba ou encore Paris Hilton.

- Le Poméranien s'est aussi fait une place à Hollywood, apparaissant dans des films comme *Cadillac Man* (1990, Roger Donaldson). *Dumb & Dumber* (1994,

Peter et Bobby Farrelly), *Les Nuits de Harlem* (1989, Eddie Murphy), ou *Prête à tout* (1995, Gus Van Sant),

LE STANDARD DU LOULOU DE POMÉRANIE

STANDARD FCI NUMÉRO :   97

DATE DE PUBLICATION :   13/12/19

ASPECT GENERAL :

Les Spitz séduisent par la beauté de leur fourrure gonflée par un abondant sous-poil.

Le cou pourvu d'une opulente collerette en forme de crinière et la queue touffue portée fièrement sur le dos frappent tout particulièrement.

Sa tête aux yeux vifs rappelant celle du renard et ses petites oreilles pointues rapprochées confèrent au Spitz son aspect impertinent caractéristique.

Le rapport entre la hauteur au garrot et la longueur du corps du chien est de 1 : 1.

Le rapport entre la longueur du museau et la longueur du crâne est de. 2 : 4.

Le Spitz nain/Poméranien est toujours attentif, vif et extraordinairement attaché à son maître. Il est très réceptif et facile à éduquer. Son caractère agréable et joyeux font de lui un chien de compagnie et de famille idéal et un gardien pour la maison et en appartement. Il n'est ni peureux ni agressif. Résistance aux intempéries, robustesse et longévité sont d'autres qualités qui le distinguent.

TETE

REGION CRANIENNE :

De grandeur moyenne, la tête du Spitz, vue de dessus, est la plus large dans sa partie postérieure et va en s'amenuisant en forme de coin jusqu'à la pointe du nez.

Stop : Modérément à bien marqué, jamais abrupt.

REGION FACIALE :

Truffe : Petite et ronde, elle est de couleur noire pur ; néanmoins marron chez tous les Spitz marron.

Museau : Il n'est pas trop long, ni grossier ni pointu et bien proportionné par rapport au crâne (proportion env. 2 : 4).

Lèvres : Les lèvres ne se recouvrent pas. Elles sont bien tendues et ne font pas de pli à la commissure. Leur pigmentation est noire, néanmoins marron chez tous les Spitz marron.

Mâchoires/dents : D'un développement normal, les mâchoires présentent un articulé en ciseaux complet formé de 42 dents selon la formule dentaire du chien. Les incisives supérieures recouvrent en contact étroit les incisives inférieures, les dents étant implantées à l'équerre par rapport aux mâchoires. Puissants, les crocs s'emboîtent parfaitement (canines). Chez les Spitz nains/poméraniens, on admet l'absence modérée de prémolaires. Un articulé en pince est toléré.

Joues : Les joues sont délicatement arrondies sans être saillantes.

YEUX :

De grandeur moyenne, de forme légèrement en amande et en position un peu oblique, les yeux sont de couleur foncée, marron foncé chez tous les Spitz marron.

OREILLES :

Les petites oreilles du Spitz sont attachées haut, relativement proches l'une de l'autre, triangulaires et pointues ; elles sont toujours portées dressées avec une pointe bien rigide.

COU :

De longueur moyenne, le cou, large à l'insertion entre les épaules, a une nuque légèrement galbée. Sans fanon, il est couvert d'une collerette en forme de crinière.

Ligne du dessus : Elle se prolonge après une douce courbure dans le dos court et horizontal. La queue touffue rabattue sur le dos dont elle couvre une partie parachève la silhouette.

Garrot : Le haut du garrot va en diminuant de manière imperceptible.

Dos : Aussi court que possible, droit, ferme.

Rein : Court, large et puissant.

Croupe : La croupe est large, courte et non avalée.

Poitrine : La poitrine est profonde et bien bombée ; la région sternale est bien développée.

Ligne du dessous et ventre : La cage thoracique est développée aussi loin que possible vers l'arrière ; le ventre n'est que modérément relevé.

Attachée haut et de longueur moyenne, la queue, très touffue, est dressée dès sa racine, rabattue vers l'avant et roulée sur le dos, sur lequel elle s'appuie fermement. Une double boucle à l'extrémité de la queue est acceptée.

Vue d'ensemble : Ils sont droits et le devant est plutôt large avec une ossature puissante.

Epaule : L'épaule est bien musclée et fermement attachée à la cage thoracique. L'omoplate est longue et oblique vers l'arrière.

Bras : D'une longueur à peu près identique à celle de l'omoplate, il forme avec cette dernière un angle d'environ 90°.

Coude : L'articulation du coude est solide, bien contre le thorax et tournée ni en dedans ni en dehors.

Avant-bras : De longueur moyenne, vigoureux en comparaison du tronc, parfaitement droit, sa face postérieure est bien garnie de franges.

Métacarpe : Le métacarpe, solide et de longueur moyenne, forme avec l'avant-bras un angle d'environ 20° par rapport à la verticale.

Pieds antérieurs : Les pieds antérieurs sont aussi petits que possible, ronds, avec des doigts serrés et bien cambrés appelés pieds de chat. La couleur des ongles et des coussinets est aussi foncée que possible.

MEMBRES POSTERIEURS :

Vue d'ensemble : Les membres postérieurs sont très musclés et portent jusqu'au jarret des culottes abondantes. Les postérieurs sont droits et parallèles.

Cuisse et jambe : La cuisse et la jambe sont approximativement de même longueur.

Grasset (genou) : L'articulation du grasset n'est que modérément angulée ; elle est solide et, dans le mouvement, ne se déporte ni vers l'intérieur ni vers l'extérieur.

Tarse/Jarret : De longueur moyenne, le métatarse, très robuste, est perpendiculaire au sol.

Pieds postérieurs : Les pieds postérieurs sont aussi petits que possible, ronds, avec des doigts bien serrés et cambrés appelés pieds de chat ; les coussinets sont résistants. La couleur des ongles et des coussinets est aussi foncée que possible.

Par l'effet d'une bonne impulsion le mouvement des Spitz allemands nains/poméraniens est coulant et élastique.

La peau, bien adhérente au corps, ne forme aucun pli.

Les Spitz allemands nains/poméraniens ont un poil double : un poil de couverture long, droit et écarté et un sous-poil ferme et court, épais et ouaté.

La tête, les oreilles, les faces antérieures des membres antérieurs et postérieurs et les pieds ont un poil court et dense (velouté) ; le reste du corps a un poil long et abondant.

Ni ondulé, ni bouclé, ni hirsute, il ne forme pas de raie sur le dos.

Le cou et les épaules sont couverts d'une abondante crinière.

Les faces postérieures des membres antérieurs sont bien garnies de franges, les membres postérieurs présentent de la croupe au jarret une culotte opulente et la queue est touffue.

Le modelage du poil n'est pas visible.

Couleur du poil :

Blanc, noir, marron, orange, gris ombré, autre couleur.

Spitz blanc : La robe doit être d'un blanc pur, on tolère les nuances jaunâtres souvent apparentes sur les oreilles.

Spitz noir : Pour la robe du Spitz noir, le sous-poil et la peau doivent être également de couleur foncée. En surface, la couleur est d'un noir laqué sans trace ni tache blanche ou d'une autre couleur.

Spitz marron : La robe du Spitz marron doit être marron foncé également réparti et uniforme.

Spitz orange : La robe du Spitz orange doit être également répartie et uniforme dans une nuance moyenne. Les taches blanches à la poitrine, aux pieds et au bout de la queue sont tolérées.

Spitz gris-loup (gris-ombré) : Le gris-loup est un gris argenté charbonné (avec du noir à l'extrémité des poils). Le museau et les oreilles sont foncés. Autour des yeux, il y a un dessin en « branche de lunette » nettement marqué, formé d'une ligne noire délicatement dessinée allant en biais de l'angle externe de l'œil au point d'attache inférieur de l'oreille, associé à des hachures nettes et des dégradés ombrés formant des sourcils courts et expressifs. La crinière et la région des épaules est plus claire. Les membres antérieurs et postérieurs sont d'un gris argenté sans taches noires au-dessous des coudes et des genoux, à l'exception de légères stries sur les doigts. La pointe de la queue est noire. La face inférieure de la queue et la culotte sont d'un gris argenté clair.

Spitz d'autres couleurs : Sous cette dénomination « autres couleurs » figurent les robes de toutes les autres teintes : crème, crème-zibeline, orange-zibeline, noir et feu, panaché. Les chiens panachés (ou particolores) doivent avoir un fond de robe blanc et les taches de couleur noire, brune, grise ou orange doivent être réparties sur tout le corps.

Tout écart par rapport à ce qui précède doit être considéré comme un défaut qui sera pénalisé en fonction de sa gravité et de ses conséquences sur la santé et le bien-être du chien.

• Défauts de construction.

• Tête trop plate.

• Tête en forme de pomme accusée.

• Truffe, paupières et lèvres de couleur chair (ladre).

• Défaut de denture, absence de dents.

• Yeux trop grands ou trop clairs.

• Yeux proéminents.

• Absence du dessin caractéristique de la face chez les Spitz gris loup.

• Allures défectueuses.

• Chien agressif ou chien peureux.

• Tout chien présentant de façon évidente des anomalies d'ordre physique ou comportemental.

• Persistance de la fontanelle.

• Prognathisme supérieur ou inférieur, occlusion croisée.

• Entropion ou ectropion.

• Oreilles dressées partiellement

• Petites taches ou marques blanches bien visibles

• Variantes de couleur qui ne sont pas dans la liste.

• Les mâles doivent avoir deux testicules d'aspect normal complètement descendus dans le scrotum.

• Seuls les chiens sains et capables d'accomplir les fonctions pour lesquelles ils ont été sélectionnés, et dont la morphologie est typique de la race, peuvent être utilisés pour la reproduction.